Impressum
Verlag: BABADADA GmbH, Nedderfeld 112 , 22529 Hamburg
Geschäftsführer / Verlagsleitung: Harald Hof
Druck: Books on Demand GmbH, In de Tarpen 42, 22848 Norderstedt

Imprint
Publisher: BABADADA GmbH, Nedderfeld 112 , 22529 Hamburg, Germany
Managing Director / Publishing direction: Harald Hof
Print: Books on Demand GmbH, In de Tarpen 42, 22848 Norderstedt

בית ספר
Šola

כיתה
Razred
חילק
Deljenje
186/2
לוח
Tabla
Šolsko dvorišče
מורה
Učitelj
נייר
Papir
כתב
Pisati
עט
Pisalo
שולחן עבודה
Pisalna miza
סרגל
Ravnilo
ספר
Knjiga
תלמיד
Učenec

ילקוט

Šolska torba

קלמר

Peresnica

עיפרון

Svinčnik

מחדד

Šilček

גומי מחיקה

Radirka

חוברת סרטוט

Risalni blok

סרטוט

Risba

מברשת

Čopič

קופסת צבעים

Vodene barvice

מספריים

Škarje

דבק

Lepilo

ספר תרגול

Zvezek

שיעור בית

Domača naloga

מספר

Število

חיבר

Seštevanje

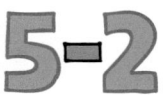

חיסר

Odštevanje

הכפיל

Množenje

חישב

Računanje

אות

Črka

אלפבית

Abeceda

מילה

Beseda

טקסט

Besedilo

קרא

Brati

גיר

Kreda

שיעור

Učna ura

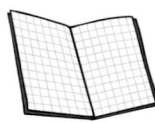

יומן נוכחות

Redovalnica

מבחן

Preizkus znanja

תעודה

Spričevalo

תלבושת בית ספר

Šolska uniforma

חינוך

Izobrazba

אנציקלופדיה

Enciklopedija

אוניברסיטה

Univerza

מיקרוסקופ

Mikroskop

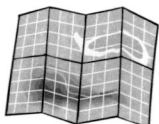

מפה

Zemljevid

סל נייר

Koš za smeti

נסיעה

Potovanje

מלון
Hotel
הוסטל
Hostel
המרת מטבע
Menjalnica
מזוודה
Kovček
אוטו
Avtomobil

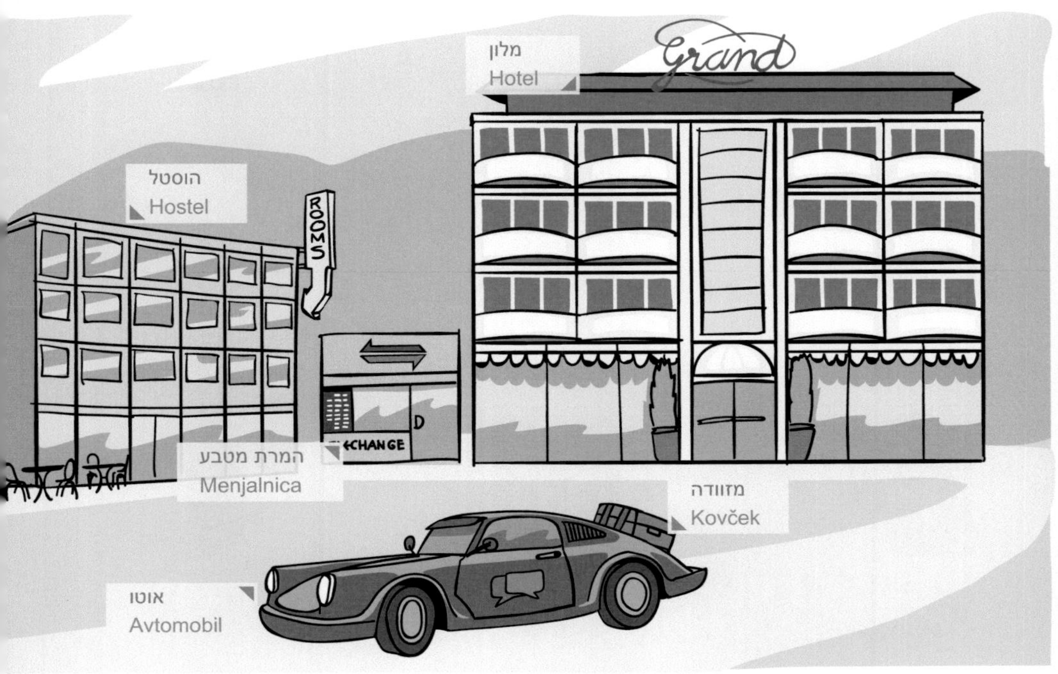

שפה
Jezik

כן / לא
da / ne

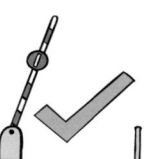

בסדר
Prav

שלום
Pozdravljeni

מתרגם
Prevajalec

תודה
Hvala

כמה עולה.....?

Koliko stane…?

אני לא מבין

Ne razumem

בעיה

Težava

ערב טוב!

Dober večer!

בוקר טוב!

Dobro jutro!

לילה טוב!

Lahko noč!

להתראות

Nasvidenje

כיוון

Smer

כבודה

Prtljaga

תיק

Torba

תרמיל גב

Nahrbtnik

אורח

Gost

חדר

Soba

שק שינה

Spalna vreča

אוהל

Šotor

מרכז מידע לתיירים

Turistične informacije

חוף ים

Plaža

כרטיס אשראי

Kreditna kartica

ארוחת בוקר

Zajtrk

ארוחת צהריים

Kosilo

ארוחת ערב

Večerja

כרטיס

Vozovnica

מעלית

Dvigalo

בול

Znamka

גבול

Meja

מכס

Carina

שגרירות

Veleposlaništvo

אשרה

Vizum

דרכון

Potni list

תחבורה
Prevoz

מטוס
Letalo
אונייה
Ladja
כבאית
Gasilsko vozilo
אוטובוס
Avtobus
משאית
Tovornjak
סירת מנוע
Motorni čoln
אופניים
Kolo
אוטו
Avtomobil

מעבורת

Trajekt

סירה

Čoln

אופנוע

Motorno kolo

ניידת משטרה

Policijski avto

מכונית מרוץ

Dirkalni avto

רכב שכור

Najeto vozilo

מכוניות בשיתוף

Souporaba avtomobila

אוטו גרר

Avtovleka

משאית זבל

Smetarsko vozilo

מנוע

Motor

דלק

Gorivo

תחנת דלק

Bencinska postaja

תמרור

Prometni znak

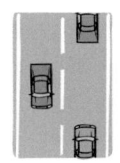

תנועה

Promet

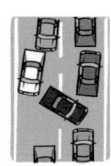

פקק תנועה

Zastoj

חניה

Parkirišče

תחנת רכבת

Železniška postaja

פסי רכבת

Tirnice

רכבת

Vlak

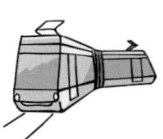

רכבת קלה

Tramvaj

קרון

Vagon

מסוק

Helikopter

שדה-תעופה

Letališče

מגדל

Stolp

נוסע

Potnik

קונטיינר

Kontejner

קרטון

Karton

עגלה

Voziček

סל

Košara

המראה / נחיתה

vzleteti / pristati

עיר

Mesto

כפר

Vas

מרכז העיר

Mestno jedro

בית

Hiša

קולנוע
Kino

פרסומת
Reklama

מנורת רחוב
Ulična svetilka

רחוב
Ulica

מונית
Taksi

קיוסק
Kiosk

CINEMA

הולך רגל
Pešec

רציף
Pločnik

מעבר חצייה
Prehod za pešce

פח אשפה
Smetnjak

צומת
Križišče

רמזור
Semafor

בקתה

Koča

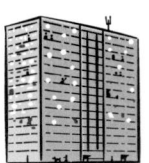

דירה

Stanovanje

תחנת רכבת

Železniška postaja

עירייה

Mestna hiša

מוזיאון

Muzej

בית ספר

Šola

אוניברסיטה

Univerza

בנק

Banka

בית חולים

Bolnišnica

מלון

Hotel

בית מרקחת

Lekarna

משרד

Pisarna

חנות ספרים

Knjigarna

חנות

Trgovina

חנות פרחים

Cvetličarna

סופרמרקט

Supermarket

שוק

Tržnica

כל-בו

Veleblagovnica

מוכר דגים

Ribarnica

קניון

Nakupovalno središče

נמל

Pristanišče

פארק

Park

ספסל

Klop

גשר

Most

מדרגות

Stopnice

רכבת תחתית

Podzemna železnica

מנהרה

Predor

תחנת אוטובוס

Avtobusno postajališče

בר

Bar

מסעדה

Restavracija

תא דואר

Poštni nabiralnik

שלט רחוב

Ulična tabla

מדחן

Parkirna ura

גן חיות

Živalski vrt

בריכת שחיה

Kopališče

מסגד

Mošeja

חווה

Kmetija

זיהום

Onesnaževanje

בית עלמין

Pokopališče

כנסייה

Cerkev

מגרש משחקים

Otroško igrišče

בית מקדש

Tempelj

נוף
Pokrajina

עלה
List

תמרור
Kažipot

דרך
Pot

מרעה
Travnik

אבן
Kamen

עץ
Drevo

מטייל
Pohodnik

נהר
Reka

דשא
Trava

פרח
Cvetlica

בקעה

Dolina

הר

Hrib

אגם

Jezero

יער

Gozd

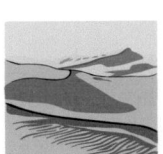

מדבר

Puščava

הר געש

Vulkan

טירה

Grad

קשת בענן

Mavrica

פטריה

Goba

דקל

Palma

יתוש

Komar

זבוב

Muha

נמלה

Mravlja

דבורה

Čebela

עכביש

Pajek

חיפושית

Hrošč

צפרדע

Žaba

סנאי

Veverica

קיפוד

Jež

ארנב

Zajec

ינשוף

Sova

ציפור

Ptič

ברבור

Labod

חזיר בר

Divji prašič

צבי

Jelen

אייל הקורא

Los

סכר

Jez

טורבינת רוח

Vetrnica

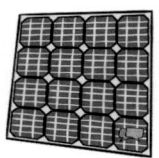

פנל סולארי

Solarna plošča

אקלים

Podnebje

מלצר
Natakar

תפריט
Jedilnik

כסא
Stol

מרק
Juha

פיצה
Pica

סכו"ם
Pribor

מפת שולחן
Prt

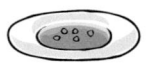

מנת פתיחה
Predjed

מנה עיקרית
Glavna jed

קינוח
Sladica

שתיות
Pijače

אוכל
Hrana

בקבוק
Steklenica

מזון מהיר

Hitra hrana

אוכל רחוב

Ulična hrana

קנקן תה

Čajnik

מסכרת

Sladkornica

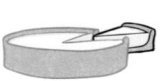

מנה

Porcija

מכונת אספרסו

Aparat za espresso

כסא תינוק

Stolček za hranjenje

חשבון

Račun

מגש

Pladenj

סכין

Nož

מזלג

Vilica

כף

Žlica

כפית

Čajna žlička

מפית

Servieta

כוס

Kozarec

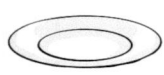

צלחת

Krožnik

קערת מרק

Globoki krožnik

תחתית

Krožniček

רוטב

Omaka

מלחייה

Solnica

מטחנת פלפל

Mlinček za poper

חומץ

Kis

שמן

Olje

תבלינים

Začimbe

קטשופ

Kečap

חרדל

Gorčica

מיונז

Majoneza

סופרמרקט

Supermarket

מבצע
Posebna ponudba
לקוח
Stranka
מוצרי חלב
Mlečni izdelki
פירות
Sadje
עגלת קניות
Nakupovalni voziček

אטליז

Mesnica

מאפייה

Pekarna

שקל

Tehtati

ירקות

Zelenjava

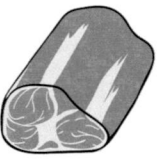

בשר

Meso

מזון קפוא

Zamrznjena hrana

בשר קר

Hladne mesnine

שימורים

Konzerve

אבקת כביסה

Pralni prašek

ממתקים

Sladkarije

מוצרי בית

Gospodinjski izdelki

חומר ניקוי

Čistilno sredstvo

מוכרת

Prodajalka

קופה

Blagajna

קופאי

Blagajnik

רשימת קניות

Nakupovalni seznam

שעות פתיחה

Delovni čas

ארנק

Denarnica

כרטיס אשראי

Kreditna kartica

תיק

Torba

שקית נילון

Plastična vrečka

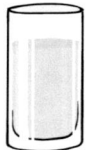

שתיות
Pijače

מים

Voda

מיץ

Sok

חלב

Mleko

קולה

Kola

יין

Vino

בירה

Pivo

אלכוהול

Alkohol

קקאו

Kakav

תה

Čaj

קפה

Kava

אספרסו

Espresso

קפוצ'ינו

Kapučino

אוכל
Hrana

בננה

Banana

תפוח

Jabolko

תפוז

Pomaranča

אבטיח

Lubenica

לימון

Limona

גזר

Korenje

שום

Česen

במבוק

Bambus

בצל

Čebula

פטריות

Goba

אגוזים

Oreščki

אטריות

Rezanci

ספגטי

Špageti

אורז

Riž

סלט

Solata

צ'יפס

Ocvrt krompirček

צ'יפס

Pečen krompir

פיצה

Pica

המבורגר

Hamburger

כריך

Sendvič

שניצל

Zrezek

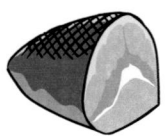

שינקין

Šunka

סלאמי

Salama

נקניקיה

Klobasa

עוף

Piščanec

טיגון

Pečenka

דג

Riba

שיבולת שועל

Ovseni kosmiči

מוזלי

Musli

קורנפלקס

Koruzni kosmiči

קמח

Moka

קרואסון

Rogljiček

לחמנייה

Žemlja

לחם

Kruh

טוסט

Prepečenec

עוגיות

Piškoti

חמאה

Maslo

גבינה לבנה

Skuta

עוגה

Torta

ביצה

Jajce

ביצת עין

Pečeno jajce na oko

גבינה

Sir

גלידה
Sladoled

סוכר
Sladkor

דבש
Med

ריבה
Marmelada

ממרח נוגט
Čokoladni namaz

קארי
Kari

חווה

Kmetija

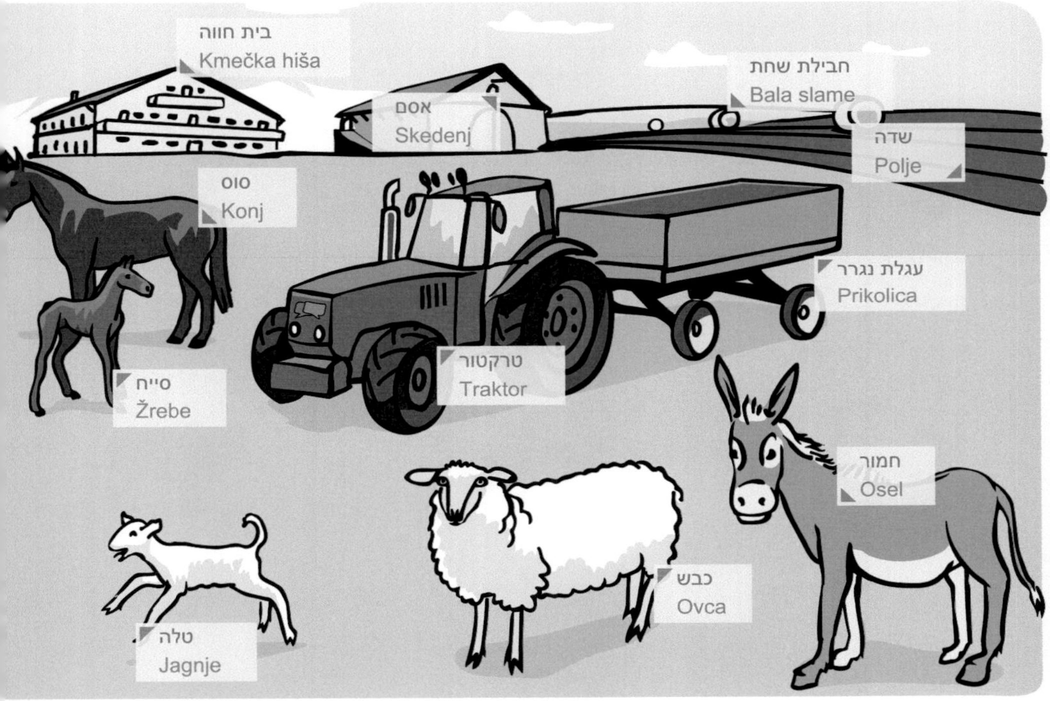

בית חווה
Kmečka hiša
אסם
Skedenj
חבילת שחת
Bala slame
שדה
Polje
סוס
Konj
עגלת נגרר
Prikolica
טרקטור
Traktor
סייח
Žrebe
חמור
Osel
כבש
Ovca
טלה
Jagnje

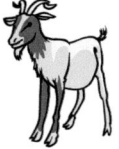

עז

Koza

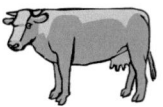

פרה

Krava

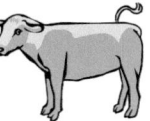

עגל

Tele

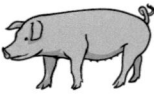

חזיר

Prašič

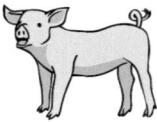

חזרזיר

Pujsek

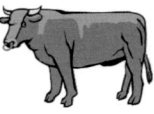

שור

Bik

אווז

Gos

ברווז

Raca

אפרוח

Piščanec

תרנגולת

Kokoš

תרנגול

Petelin

חולדה

Podgana

חתול

Mačka

עכבר

Miš

שור

Vol

כלב

Pes

מלונה

Pasja uta

צינור השקיה

Cev za zalivanje

קנקן מים

Kangla za zalivanje

חרמש

Kosa

מחרשה

Plug

מגל

Srp

מגרפה

Motika

קלשון

Vile

גרזן

Sekira

מריצה

Samokolnica

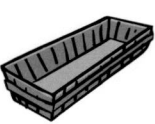

שוקת

Korito

כד חלב

Kangla za mleko

שק

Vreča

גדר

Ograja

אורווה

Hlev

חממה

Rastlinjak

אדמה

Prst

זרע

Seme

דשן

Gnojilo

מקצרה

Kombajn

קצר
Žeti

קציר
Žetev

בטטה אפריקנית
Jam

חיטה
Pšenica

סויה
Soja

תפוח אדמה
Krompir

תירס
Koruza

קנולה
Oljna ogrščica

עץ פירות
Sadno drevo

קסבה
Maniok

דגנים
Žito

בית
Hiša

ארובה
Dimnik
גג
Streha
מרזב
Žleb
חלון
Okno
מוסך
Garaža
פעמון
Zvonec
דלת
Vrata
פח אשפה
Koš za smeti
תיבת מכתבים
Poštni nabiralnik
גינה
Vrt

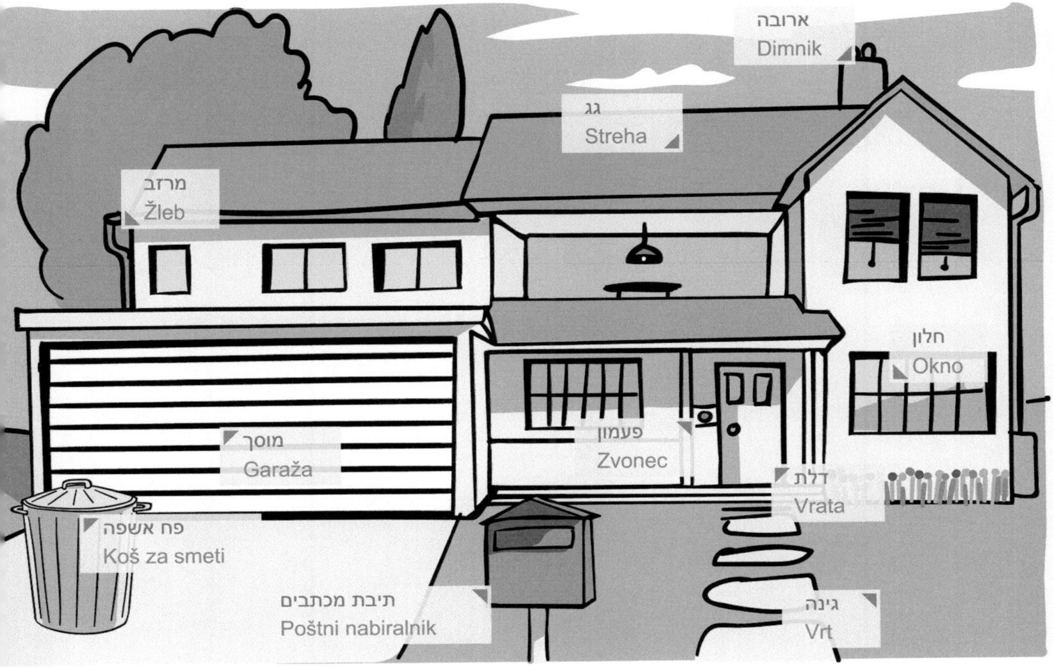

סלון
Dnevna soba

חדר אמבטיה
Kopalnica

מטבח
Kuhinja

חדר שינה
Spalnica

חדר ילדים
Otroška soba

חדר אוכל
Jedilnica

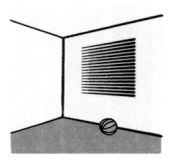

רצפה

Tla

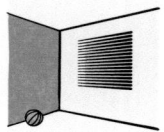

קיר

Stena

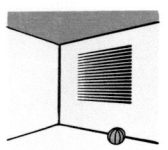

תקרה

Strop

מרתף

Klet

סאונה

Savna

מרפסת

Balkon

מרפסת

Terasa

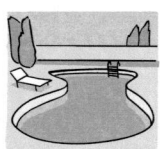

בריכה

Bazen

מכסחת דשא

Kosilnica

סדין

Rjuha

כיסוי מיטה

Posteljno pregrinjalo

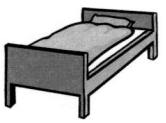

מיטה

Postelja

מטאטא

Metla

דלי

Vedro

מפסק

Stikalo

סלון
Dnevna soba

טפט
Tapeta
תמונה
Slika
מנורה
Svetilka
מדף
Polica
ארון
Omara
טלוויזיה
Televizor
אח
Kamin
פרח
Cvetlica
כרית
Blazina
ספה
Zofa
אגרטל
Vaza
שלט רחוק
Daljinski upravljalnik

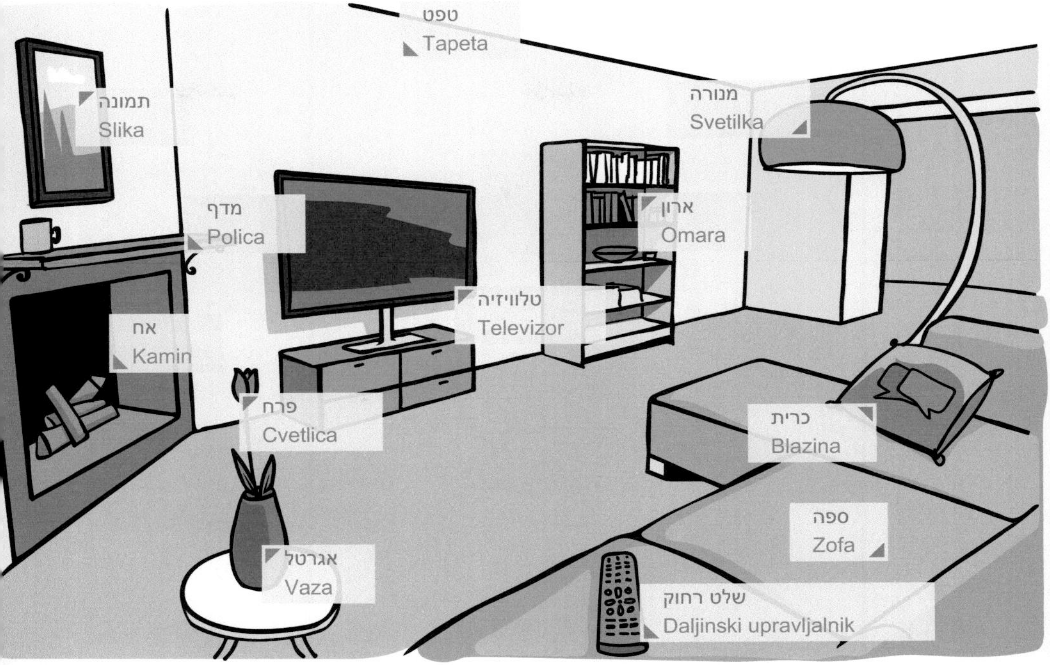

שטיח

Preproga

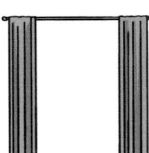

וילון

Zavesa

שולחן

Miza

כסא

Stol

כיסא נדנדה

Gugalnik

כורסה

Naslanjač

ספר

Knjiga

שמיכה

Odeja

דקורציה

Dekoracija

עצי הסקה

Drva

סרט

Film

מערכת סטריאו

Glasbeni stolp

מפתח

Ključ

עיתון

Časopis

ציור

Slika

פוסטר

Plakat

רדיו

Radio

מחברת

Beležka

שואב אבק

Sesalnik

קקטוס

Kaktus

נר

Sveča

מטבח
Kuhinja

מקרר
Hladilnik
מיקרוגל
Mikrovalovna pečica
Kuhinjska tehtnica
טוסטר
Opekač
חומר ניקוי
Detergent
תנור
Pečica
מקפיא
Zamrzovalnik
פח אשפה
Koš za smeti
מדיח כלים
Pomivalni stroj

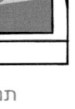

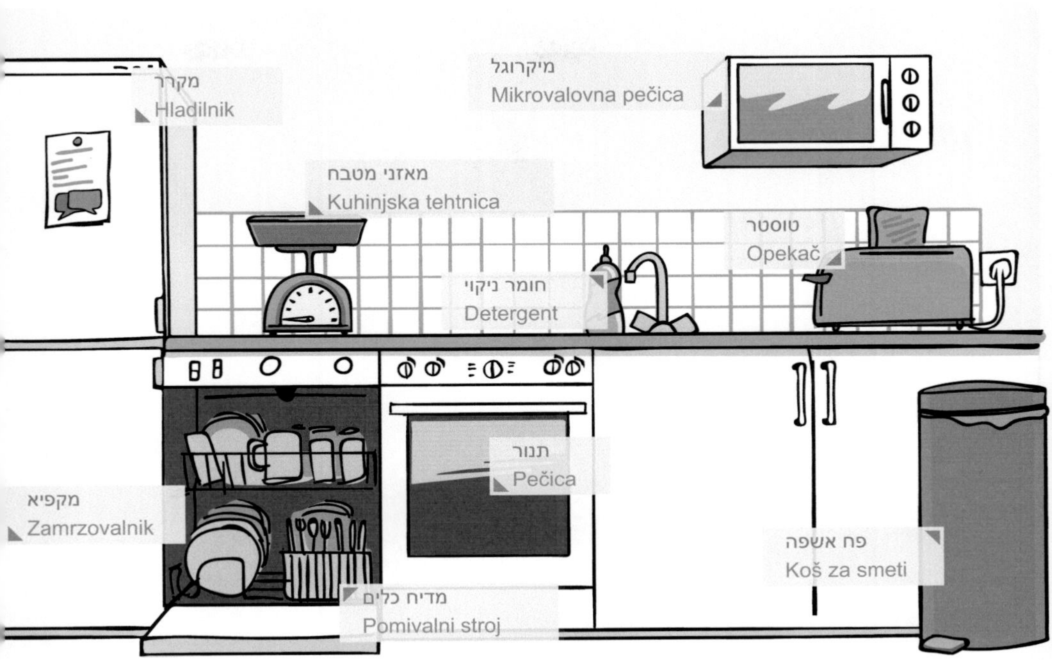

תנור

Kozica

סיר

Lonec

סיר ברזל

Litoželezni lonec

ווק

Vok / kadai

מחבת

Ponev

קומקום חשמלי

Kotliček

מאדה

Parni kuhalnik

מגש אפייה

Pekač

כלי אוכל

Posoda

ספל

Skodelica

קערה

Skleda

צ'ופסטיקס

Jedilne paličice

מצקת

Zajemalka

מרית

Lopatica

מטרפה

Metlica

מסננת בישול

Cedilnik

מסננת

Cedilo

מגרדת

Strgalo

מכתש

Možnar

גריל

Žar

מדורה

Ognjišče

קרש חיתוך

Deska za rezanje

מערוך

Valjar

פותחן פקקים

Odpirač za steklenice

פחית

Pločevinka

פותחן קופסאות

Odpirač za konzerve

מטלית

Prijemalka za posodo

כיור

Korito

מברשת

Ščetka

ספוג

Goba

בלנדר

Mešalnik

מקפיא

Zamrzovalna skrinja

בקבוק לתינוק

Steklenička

ברז

Pipa

חדר אמבטיה
Kopalnica

חימום
Ogrevanje
מגבת
Brisača
מקלחת
Prha
וילון מקלחת
Zavesa za prho
אמבטיית קצף
Peneča kopel
אמבטיה
Kopalna kad
כוס
Kozarec
מכונת כביסה
Pralni stroj
ברז
Pipa
אריחים
Ploščice
סיר לילה
Kahlica
כיור
Korito

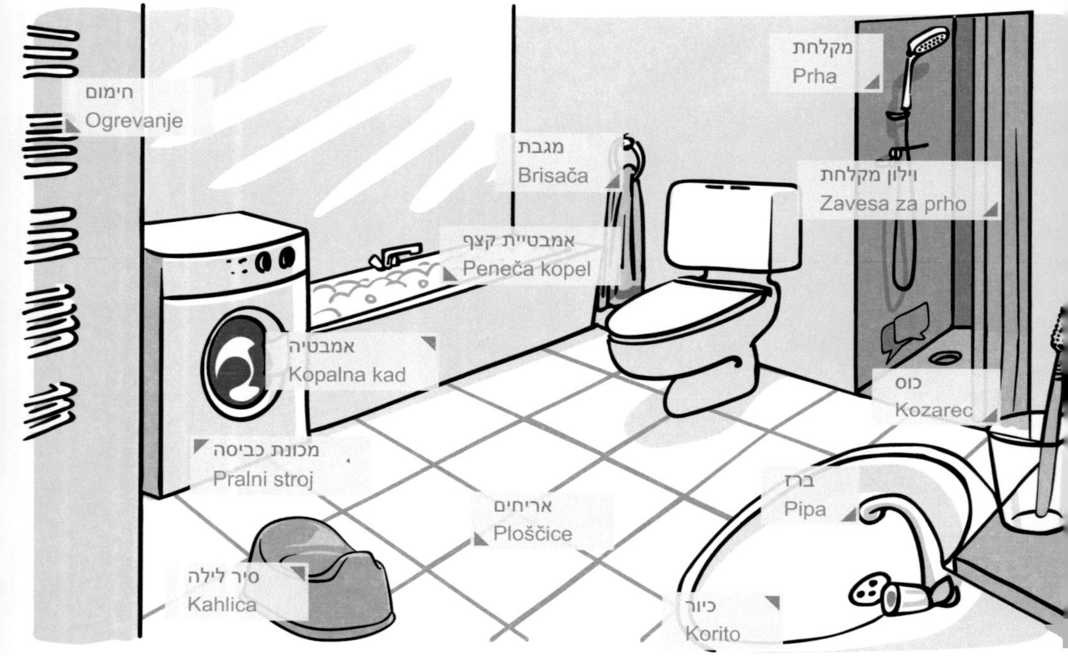

אסלה

Stranišče

אסלת כריעה

Stranišče na počep

בידה

Bide

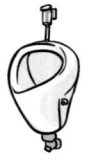

משתנה

Pisoar

נייר טואלט

Toaletni papir

מברשת אסלה

Ščetka za straniščno školjko

38 חדר אמבטיה - Kopalnica

מברשת שיניים

Zobna ščetka

משחת שיניים

Zobna pasta

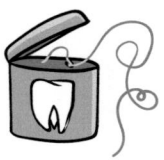

חוט דנטלי

Zobna nitka

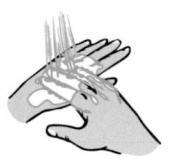

שטף

Umiti se

מקלחת יד

Ročna prha

צינור שטיפה לשירותים

Prha za intimne dele

קערת רחצה

Umivalnik

מברשת גב

Krtača za hrbet

סבון

Milo

ג'ל רחצה

Gel za prhanje

שמפו

Šampon

ליפה

Krpica za miljenje

ניקוז

Odtok

קרם

Krema

דיאודורנט

Deodorant

מראה

Ogledalo

מראת יד

Ročno ogledalo

סכין גילוח

Britvica

קצף גילוח

Pena za britje

אפטרשייב

Vodica po britju

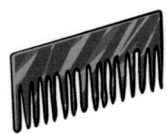

מסרק

Glavnik

מברשת

Ščetka

מייבש שיער

Sušilnik za lase

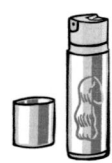

ספריי לשיער

Lak za lase

איפור

Ličila

שפתון

Šminka

לק

Lak za nohte

צמר גפן

Vatirane blazinice

מספריים לציפורניים

Škarjice za nohte

בושם

Parfum

תיק כלי רחצה

Toaletna torbica

שרפרף

Stol brez naslonjala

משקל

Osebna tehtnica

חלוק רחצה

Kopalni plašč

כפפות גומי

Gumijaste rokavice

טמפון

Tampon

תחבושת סניטרית

Damski vložki

שירותים כימיקליים

Kemično stranišče

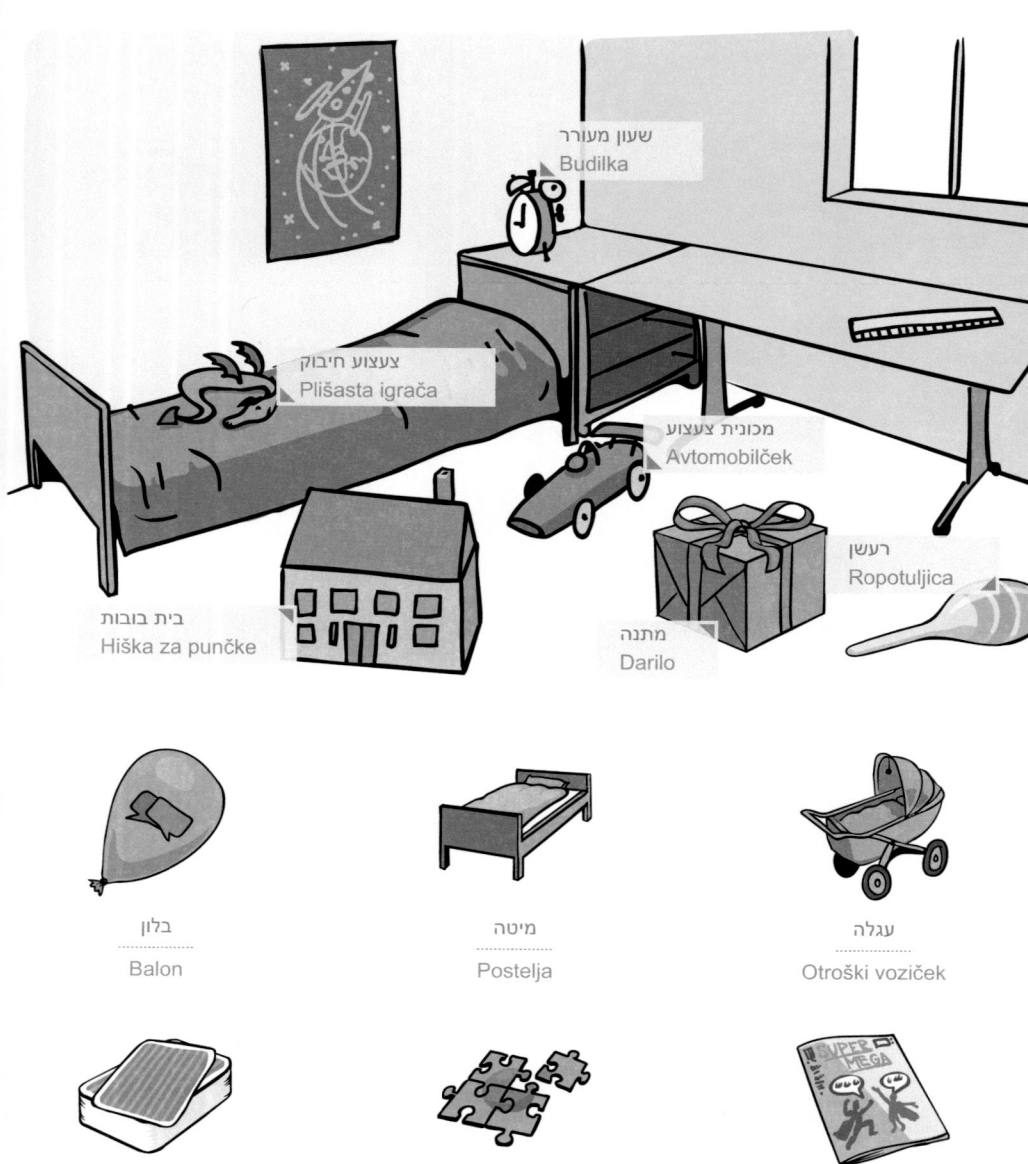

חדר ילדים
Otroška soba

שעון מעורר
Budilka
צעצוע חיבוק
Plišasta igrača
מכונית צעצוע
Avtomobilček
רעשן
Ropotuljica
בית בובות
Hiška za punčke
מתנה
Darilo

בלון

Balon

מיטה

Postelja

עגלה

Otroški voziček

משחק קלפים

Igralne karte

פאזל

Sestavljanka

קומיקס

Strip

לגו

Lego kocke

קוביות משחק

Igralne kocke

דמות משחק

Akcijska figura

סרבל תינוקות

Bodi

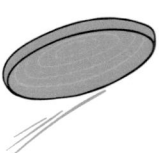

פריזבי

Frizbi

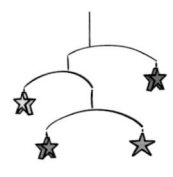

נייד

Vrtiljak za posteljico

משחק לוח

Namizna igra

קוביה

Kocka

רכבת צעצוע

Komplet modelov vlakov

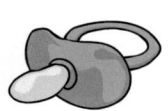

מוצץ

Duda

מסיבה

Zabava

אלבום תמונות

Slikanica

כדור

Žoga

בובה

Lutka

שיחק

Igrati se

ארגז חול

Peskovnik

נדנדה

Gugalnica

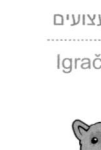

צעצועים

Igrače

קונסולת משחקים

Igralna konzola

אופניים תלת גלגלי

Tricikel

דובון

Plišasti medvedek

ארון בגדים

Garderoba

בגדים
Oblačilo

גרביים

Nogavice

גרביונים

Samostoječe nogavice

גרביון

Hlačne nogavice

צעיף
Šal

מטריה
Dežnik

חולצת טי
Majica s kratkimi rokavi

חגורה
Pas

מגפיים
Škornji

נעלי בית
Copati

נעלי ספורט
Športni copati

סנדלים	נעליים	מגפי גומי
Sandali	Čevlji	Gumijasti škornji
תחתונים	חזייה	וסט
Spodnje hlače	Modrček	Telovnik

גוף
Bodi

מכנסיים
Hlače

ג'ינס
Kavbojke

חצאית
Krilo

חולצה מכופתרת
Bluza

חולצה
Srajca

אפודה
Pulover

סווצ'ר עם קפוצ'ון
Pletena jopica

בלייזר
Jopa

ז'קט
Jakna

מעיל
Plašč

מעיל גשם
Dežni plašč

תלבושת
Kostim

שמלה
Obleka

שמלת כלה
Poročna obleka

חליפה
Obleka

כותונת לילה
Spalna srajca

פיג'מה
Pižama

סארי
Sari

מטפחת ראש
Naglavna ruta

טורבן
Turban

בורקה
Burka

קאפטן
Kaftan

עבאיה
Abaja

בגד ים
Kopalke

בגד ים
Kopalne hlače

מכנסיים קצרים
Kratke hlače

בגד אימון
Trenirka

סינר
Predpasnik

כפפות
Rokavice

כפתור

Gumb

משקפיים

Očala

צמיד יד

Zapestnica

שרשרת

Verižica

טבעת

Prstan

עגיל

Uhan

כובע

Kapa

קולב

Obešalnik

כובע

Klobuk

עניבה

Kravata

רוכסן

Zadrga

קסדה

Čelada

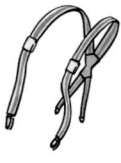

כתפיות

Naramnice

תלבושת בית ספר

Šolska uniforma

מדים

Uniforma

מפית אוכל

Slinček

מוצץ

Duda

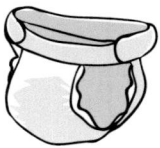

חיתול

Plenica

משרד

Pisarna

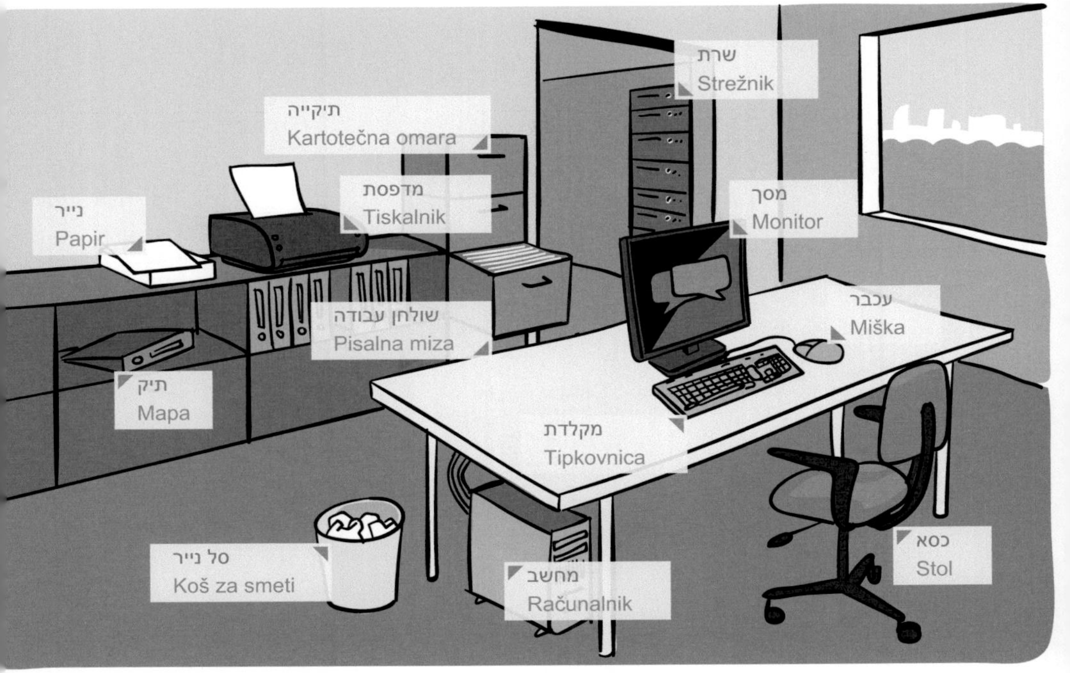

שרת
Strežnik

תיקייה
Kartotečna omara

מדפסת
Tiskalnik

נייר
Papir

מסך
Monitor

שולחן עבודה
Pisalna miza

עכבר
Miška

תיק
Mapa

מקלדת
Tipkovnica

סל נייר
Koš za smeti

כסא
Stol

מחשב
Računalnik

ספל קפה

Lonček za kavo

מחשבון

Kalkulator

אינטרנט

Internet

מחשב נייד

Prenosnik

מכתב

Pismo

הודעה

Sporočilo

נייד

Mobilnik

רשת

Omrežje

מכונת צילום

Kopirni stroj

תוכנה

Programska oprema

טלפון

Telefon

שקע

Vtičnica

פקס

Telefaks

טופס

Obrazec

מסמך

Dokument

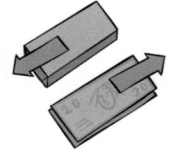

כלכלה
Gospodarstvo

קנה

Kupiti

שילם

Plačati

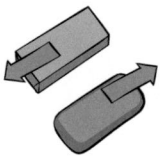

סחר

Trgovati

כסף

Denar

דולר

Dolar

יורו

Evro

ין

Jen

רובל

Rubelj

פרנק שווייצרי

Švičarski frank

יואן רנמינבי

Kitajski juan renminbi

רופי

Rupija

כספומט

Bankomat

המרת מטבע

Menjalnica

זהב

Zlato

כסף

Srebro

נפט

Nafta

אנרגיה

Energija

מחיר

Cena

חוזה

Pogodba

מס

Davek

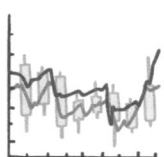

מנייה

Delnice

עבד

Delati

עובד

Delojemalec

מעסיק

Delodajalec

מפעל

Tovarna

חנות

Trgovina

מקצועות
Poklici

כבאי
Gasilec
שוטר
Policist
טבח
Kuhar
רופא
Zdravnik
טייס
Pilot

גנן
Vrtnar

נגר
Mizar

תופרת
Šivilja

שופט
Sodnik

כימאי
Kemik

שחקן
Igralec

נהג אוטובוס

Voznik avtobusa

נהג מונית

Taksist

דייג

Ribič

עובדת נקיון

Čistilka

מתקן גגות

Krovec

מלצר

Natakar

צייד

Lovec

צייר

Pleskar

אופה

Pek

חשמלאי

Električar

עובד בניין

Gradbenik

מהנדס

Inženir

קצב

Mesar

אינסטלטור

Vodovodni inštalater

דוור

Poštar

חייל

Vojak

אדריכל

Arhitekt

קופאי

Blagajnik

מוכר פרחים

Cvetličar

ספר

Frizer

כרטיסן

Sprevodnik

מכונאי

Mehanik

קברניט

Kapitan

רופא שיניים

Zobozdravnik

מדען

Znanstvenik

רב

Rabin

אימאם

Imam

נזיר

Menih

כומר

Duhovnik

כלי עבודה
Orodje

פטיש
Kladivo
צבת
Klešče
מברג
Izvijač
מפתח ברגים
Vijačni ključ
פנס
Žepna svetilka

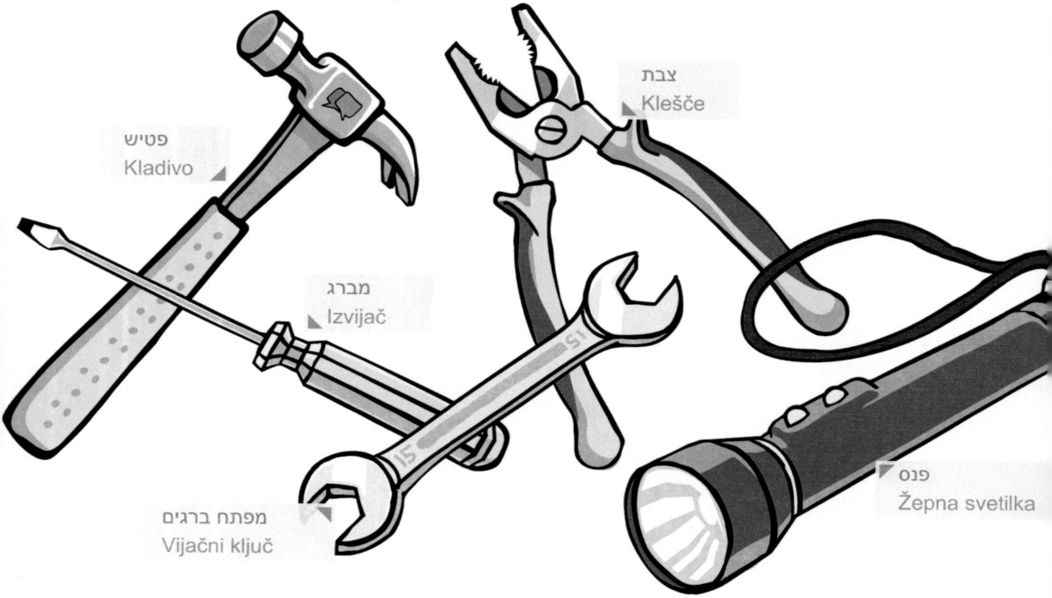

דחפור

Bager

ארגז כלים

Zaboj z orodjem

סולם

Lestev

מסור

Žaga

מסמרים

Žeblji

מקדחה

Vrtalnik

תיקון

Popraviti

את חפירה

Lopata

לעזאזל!

Šment!

יעה

Smetišnica

פח צבע

Posoda z barvo

ברגים

Vijaki

כלי נגינה

Glasbeni instrument

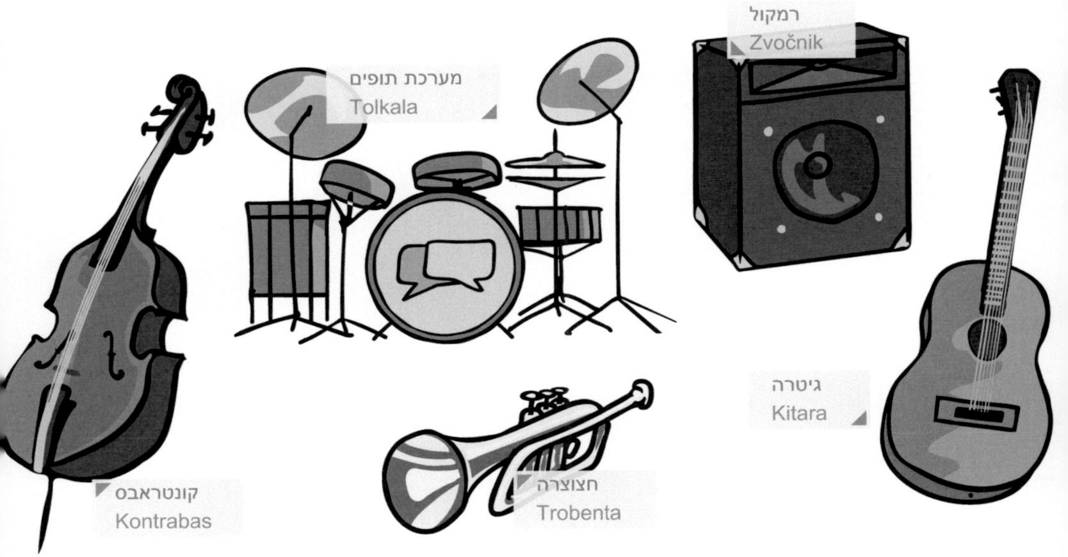

רמקול
Zvočnik

מערכת תופים
Tolkala

גיטרה
Kitara

קונטראבס
Kontrabas

חצוצרה
Trobenta

פסנתר

Klavir

כינור

Violina

בס

Bas kitara

תוף הדוד

Pavke

תופים

Bobni

מקלדת פסנתר

Sintetizator

סקסופון

Saksofon

חליל

Flavta

מיקרופון

Mikrofon

גן חיות

Živalski vrt

כניסה
Vhod
נמר
Tiger
כלוב
Kletka
זברה
Zebra
מזון לחיות
Krma za živali
פנדה
Panda

בעלי חיים

Živali

פיל

Slon

קנגרו

Kenguru

קרנף

Nosorog

גורילה

Gorila

דוב

Medved

גמל

Kamela

יען

Noj

אריה

Lev

קוף

Opica

פלמינגו

Plamenec

תוכי

Papagaj

דוב הקרח

Severni medved

פינגווין

Pingvin

כריש

Morski pes

טווס

Pav

נחש

Kača

תנין

Krokodil

שומר גן החיות

Oskrbnik v živalskem vrtu

כלב ים

Tjulenj

יגואר

Jaguar

סוס פוני

Poni

לאופרד

Leopard

היפופוטאם

Povodni konj

ג'ירפה

Žirafa

נשר

Orel

חזיר בר

Divji prašič

דג

Riba

צב

Želva

סוס ים

Mrož

שועל

Lisica

איילה

Gazela

ספורט

Šport

פוטבול אמריקאי
Ameriški nogomet
רכיבת אופניים
Kolesarjenje
טניס
Tenis
כדורסל
Košarka
שחיה
Plavanje
הוקי
Hokej
אגרוף
Boks

כדורגל

Nogomet

בדמינטון

Badminton

אתלטיקה

Atletika

כדור-יד

Rokomet

עשה סקי

Smučanje

פולו

Polo

פעילויות
Dejavnosti

קפץ
Skočiti
חיבק
Objeti
צחק
Smejati se
הלך
Hoditi
שר
Peti
חלם
Sanjati
התפלל
Moliti
נשק
Poljubiti

כתב
Pisati

צייר
Risati

הראה
Pokazati

דחף
Potisniti

נתן
Dati

לקח
Vzeti

יש / להיות הבעלים

Imeti

עשה

Narediti

היה

Biti

עמד

Stati

רץ

Teči

משך

Vleči

זרק

Vreči

נפל

Pasti

שכב

Ležati

חיכה

Čakati

סחב

Nositi

ישב

Sedeti

התלבש

Obleči se

ישן

Spati

התעורר

Zbuditi se

הסתכל ב-

Gledati

בכה

Jokati

ליטף

Božati

סירק

Česati se

דיבר

Govoriti

הבין

Razumeti

שאל

Vprašati

שמע

Poslušati

שתה

Piti

אכל

Jesti

סידר

Pospraviti

אהב

Ljubiti

בישל

Kuhati

נהג

Voziti

עף

Leteti

שט
Jadrati

חישב
Računanje

קרא
Brati

למד
Učiti se

עבד
Delati

התחתן
Poročiti se

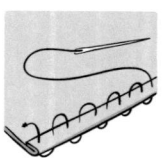

תפר
Šivati

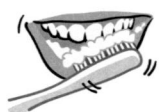

ציחצח שיניים
Ščetkati si zobe

הרג
Ubiti

עישן
Kaditi

שלח
Poslati

משפחה

Družina

סבתא
Stara mati
סבא
Stari oče
אבא
Oče
אימא
Mati
תינוק
Dojenček
בת
Hči
בן
Sin

אורח

Gost

דודה

Teta

דוד

Stric

אח

Brat

אחות

Sestra

גוף
Telo

מצח
Čelo
עין
Oko
כתף
Rama
אצבע
Prst
פנים
Obraz
סנטר
Brada
כף יד
Dlan
רגל
Noga
חזה
Prsi
זרוע
Roka

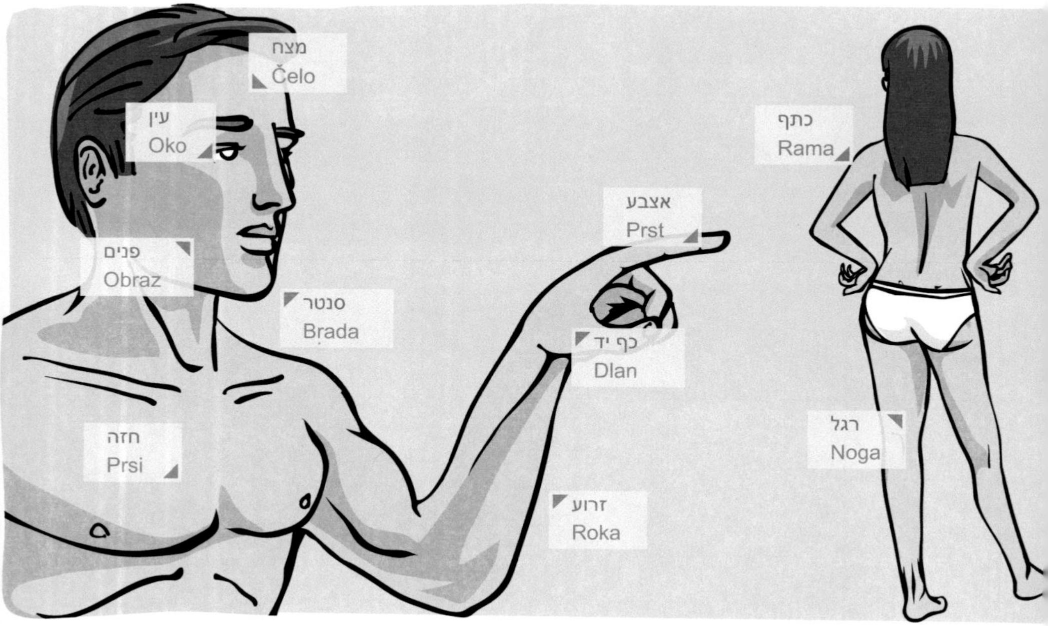

תינוק

Dojenček

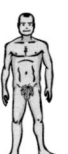

איש

Človek

אישה

Ženska

ילדה

Dekle

ילד

Fant

ראש

Glava

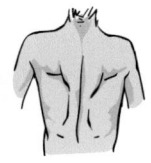

גב

Hrbet

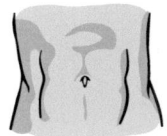

בטן

Trebuh

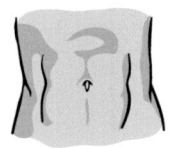

טבור

Popek

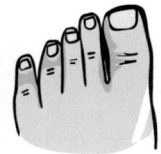

אצבע

Prst na nogi

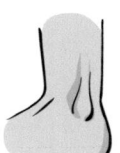

עקב

Peta

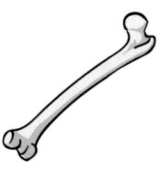

עצם

Kost

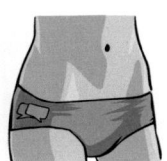

ירך

Kolk

ברך

Koleno

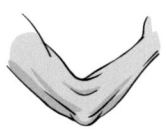

מרפק

Komolec

אף

Nos

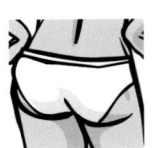

עכוז

Zadnjica

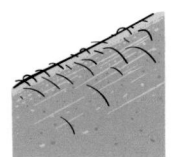

עור

Koža

לחי

Lice

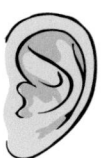

אוזן

Uho

שפתיים

Ustnica

פה

Usta

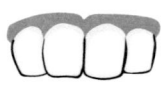

שן

Zob

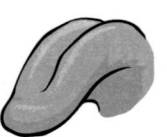

לשון

Jezik

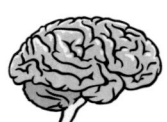

מוח

Možgani

לב

Srce

שריר

Mišica

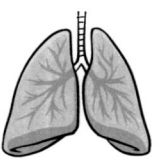

ריאה

Pljuča

כבד

Jetra

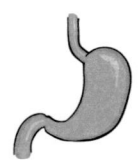

קיבה

Želodec

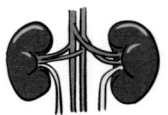

כליות

Ledvice

מין

Spolni odnos

קונדום

Kondom

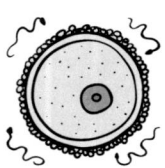

ביצית

Jajčece

זרע

Semenska tekočina

הריון

Nosečnost

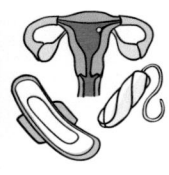

ווסת

Menstruacija

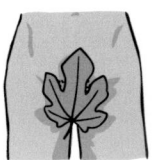

נרתיק

Vagina

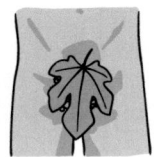

פין

Penis

גבה

Obrv

שיער

Lasje

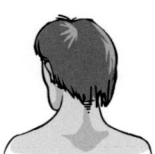

צוואר

Vrat

בית חולים
Bolnišnica

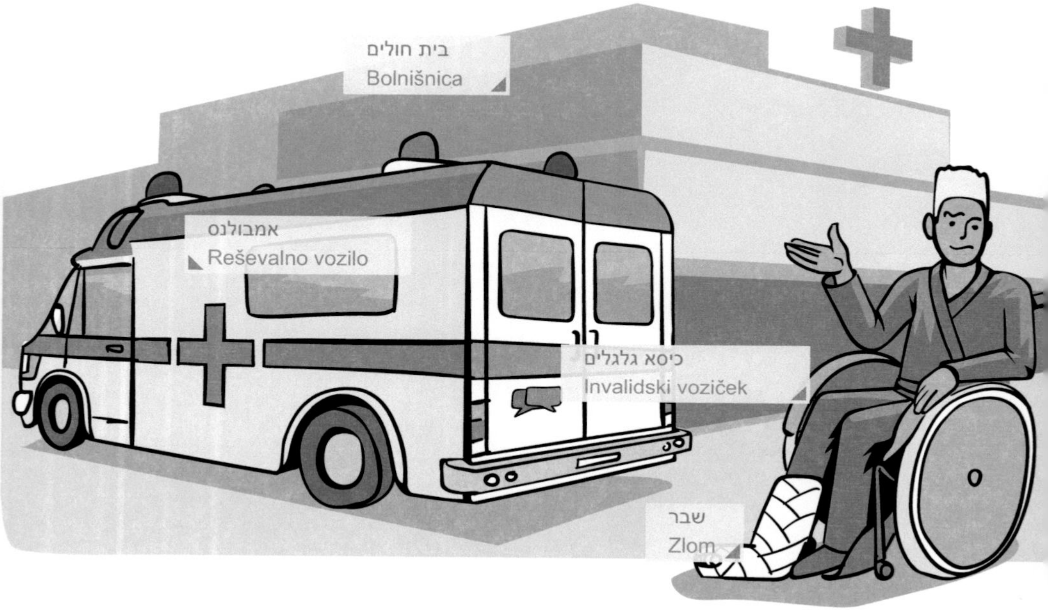

בית חולים
Bolnišnica
אמבולנס
Reševalno vozilo
כיסא גלגלים
Invalidski voziček
שבר
Zlom

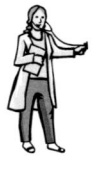

רופא

Zdravnik

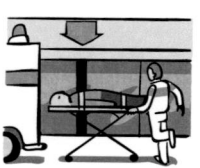

חדר מיון

Urgenca

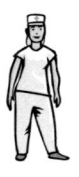

אחות

Medicinska sestra

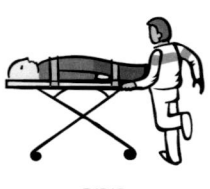

חירום

Nujni primer

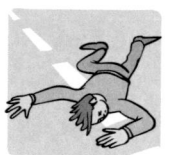

חסר הכרה

Nezavesten

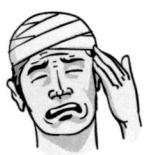

כאב

Bolečina

פציעה

Poškodba

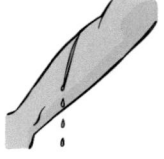

דימום

Krvavenje

התקף לב

Srčni infarkt

שבץ

Kap

אלרגיה

Alergija

שיעול

Kašelj

חום

Vročina

שפעת

Gripa

שלשול

Driska

כאב ראש

Glavobol

סרטן

Rak

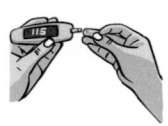

סוכרת

Sladkorna bolezen

מנתח

Kirurg

אזמל

Skalpel

ניתוח

Operacija

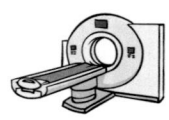

סי-טי

CT

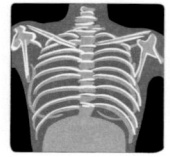

רנטגן

Rentgen

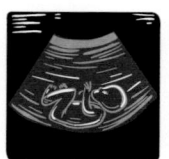

אולטרסאונד

Ultrazvok

מסיכת פנים

Obrazna maska

מחלה

Bolezen

חדר המתנה

Čakalnica

קבה

Bergla

פלסטר

Obliž

תחבושת

Preveza

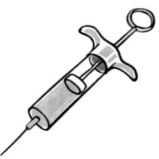

זריקה

Injekcija

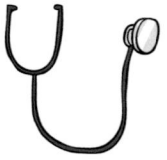

סטטוסקופ

Stetoskop

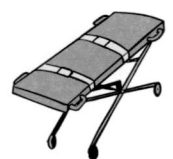

אלונקה

Nosila

מד חום

Klinični termometer

לידה

Porod

עודף משקל

Prekomerna teža

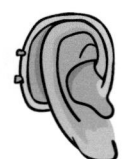

מכשיר שמיעה

Slušni pripomoček

מחטא

Razkužilo

זיהום

Okužba

נגיף

Virus

איידס

HIV / AIDS

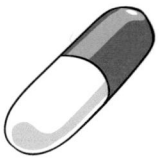

תרופה

Medicina

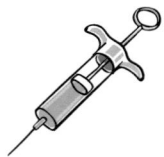

חיסון

Cepljenje

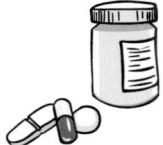

טבליות

Tablete

גלולה

Tableta

קריאת חירום

Klic v sili

מד לחץ דם

Merilnik krvnega tlaka

חולה / בריא

bolano / zdravo

חירום

Nujni primer

הצילו!

Na pomoč!

אזעקה

Alarm

פשיטה

Napad

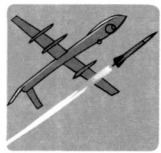

תקיפה

Napad

סכנה

Nevarnost

יציאת חירום

Izhod v sili

אש!

Gori!

מטף כיבוי

Gasilni aparat

תאונה

Nezgoda

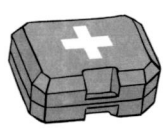

ערכת עזרה ראשונה

Komplet za prvo pomoč

הצילו!

SOS

משטרה

Policija

כדור הארץ
Zemlja

אירופה

Evropa

צפון אמריקה

Severna Amerika

דרום אמריקה

Južna Amerika

אפריקה

Afrika

אסיה

Azija

אוסטרליה

Avstralija

האוקיינוס האטלנטי

Atlantski ocean

האוקיינוס השקט

Tihi ocean

האוקיינוס ההודי

Indijski ocean

האוקיינוס האנטרקטי

Južni ocean

האוקיינוס הארקטי

Arktični ocean

הקוטב הצפוני

Severni tečaj

הקוטב הדרומי

Južni tečaj

אנטארקטיקה

Antarktika

כדור הארץ

Zemlja

אדמה

Kopno

ים

Morje

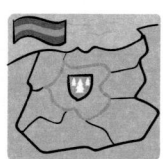

אי

Otok

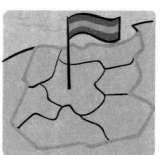

לאום

Narod

מדינה

Država

שעון
Ura

פני השעון

Številčnica

מחוג השעות

Urni kazalec

מחוג הדקות

Minutni kazalec

מחוג השניות

Sekundni kazalec

מה השעה?

Koliko je ura?

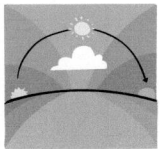

יום

Dan

זמן

Čas

עכשיו

Zdaj

שעון דיגיטלי

Digitalna ura

דקה

Minuta

שעה

Ura

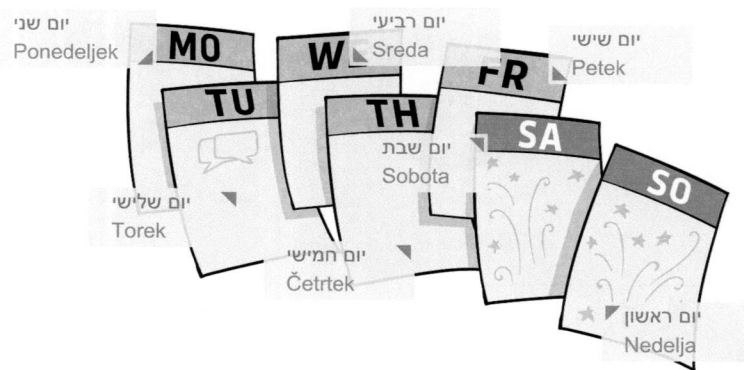

שבוע
Teden

MO
TU
W
TH
FR
SA
SO
יום שני
Ponedeljek
יום שלישי
Torek
יום רביעי
Sreda
יום חמישי
Četrtek
יום שישי
Petek
יום שבת
Sobota
יום ראשון
Nedelja

אתמול

Včeraj

היום

Danes

מחר

Jutri

בוקר

Jutro

צהריים

Poldne

ערב

Večer

ימי עבודה

Delovni dnevi

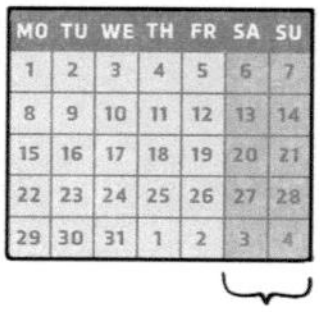

סוף שבוע

Konec tedna

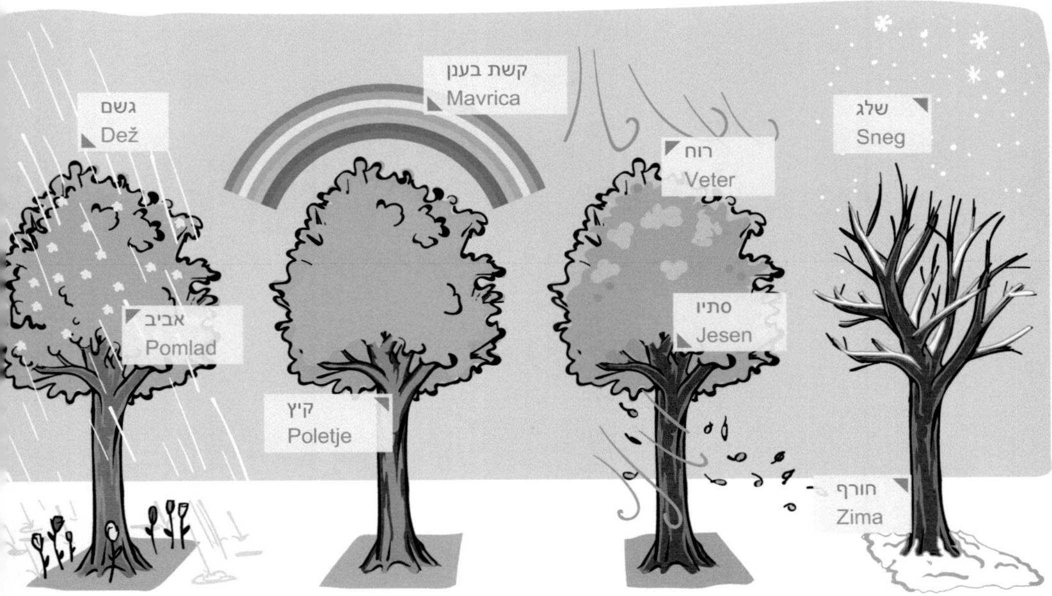

גשם
▶ Dež

קשת בענן
▶ Mavrica

רוח
▶ Veter

שלג
▶ Sneg

אביב
▶ Pomlad

קיץ
Poletje

סתיו
▶ Jesen

חורף -
Zima

תחזית מזג האוויר

Vremenska napoved

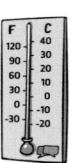

מד חום

Termometer

אור שמש

Sončna svetloba

ענן

Oblak

ערפל

Megla

לחות

Vlažnost

ברק

Strela

רעם

Grom

סערה

Nevihta

ברד

Toča

רוח עונתי

Monsun

שיטפון

Poplava

קרח

Led

ינואר

Januar

פברואר

Februar

מרץ

Marec

אפריל

April

מאי

Maj

יוני

Junij

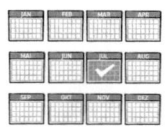

יולי

Julij

אוגוסט

Avgust

ספטמבר

September

אוקטובר

Oktober

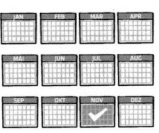

נובמבר

November

דצמבר

December

צורות

Oblike

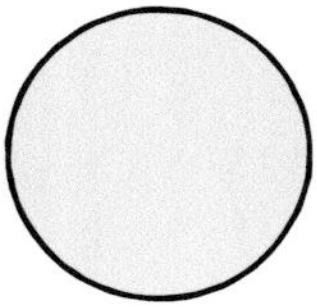

עיגול

Krogla

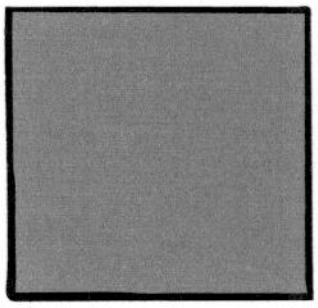

מרובע

Kvadrat

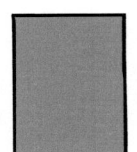

מלבן

Pravokotnik

משולש

Trikotnik

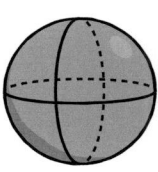

כדור

Krogla

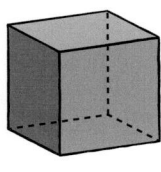

קובייה

Kocka

צבעים
Barve

לבן

Bela

צהוב

Rumena

כתום

Oranžna

ורוד

Rožnata

אדום

Rdeča

סגול

Vijolična

כחול

Modra

ירוק

Zelena

חום

Rjava

אפור

Siva

שחור

Črna

הפכים

Nasprotja

יפה / מכוער

lepo / grdo

כועס / רגוע

jezno / umirjeno

הרבה / מעט

veliko / malo

בהיר / כהה

svetlo / temno

גדול / קטן

veliko / majhno

התחלה / סוף

začetek / konec

שלם / חלקי

popolno / nepopolno

נקי / מלוכלך

čisto / umazano

אח / אחות

brat / sestra

רחב / צר

široko / ozko

מת / חי

mrtvo / živo

יום /לילה

dan / noč

אכיל / לא אכיל

užitno / neužitno

רשע / טוב לב

zlobno / prijazno

מתרגש / משועמם

vznemirjeno / zdolgočaseno

שמן / רזה

debelo / vitko

ראשון / אחרון

prvo / zadnje

חבר / אויב

prijatelj / sovražnik

מלא / ריק

polno / prazno

קשה / רך

trdo / mehko

כבד / קל

težko / lahko

רעב / צמא

lakota / žeja

חולה / בריא

bolano / zdravo

בלתי-חוקי / חוקי

nezakonito / zakonito

נבון / טיפש

pametno / neumno

שמאל / ימין

levo / desno

קרוב / רחוק

blizu / daleč

חדש / משומש

novo / rabljeno

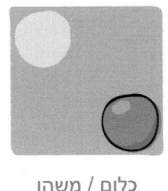

כלום / משהו

nič / nekaj

זקן / צעיר

staro / mlado

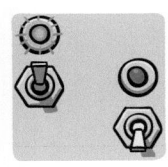

פעיל / כבוי

vklopljeno / izklopljeno

פתוח / סגור

odprto / zaprto

שקט / רועש

tiho / glasno

עשיר / עני

bogato / revno

נכון / שגוי

prav / narobe

מחוספס / חלק

grobo / gladko

עצוב / שמח

žalostno / veselo

קצר / ארוך

kratko / dolgo

איטי / מהיר

počasi / hitro

רטוב / יבש

mokro / suho

חם / קר

toplo / hladno

מלחמה / שלום

vojna / mir

מספרים
Števila

0
אפס
Ničla

1
אחת
Ena

2
שתיים
Dva

3
שלוש
Tri

4
ארבע
Štiri

5
חמש
Pet

6
שש
Šest

7
שבע
Sedem

8
שמונה
Osem

9
תשע
Devet

10
עשר
Deset

11
אחת-עשרה
Enajst

12

שתים-עשרה

Dvanajst

13

שלוש-עשרה

Trinajst

14

ארבע-עשרה

Štirinajst

15

חמש-עשרה

Petnajst

16

שש-עשרה

Šestnajst

17

שבע-עשרה

Sedemnajst

18

שמונה-עשרה

Osemnajst

19

תשע-עשרה

Devetnajst

20

עשרים

Dvajset

100

מאה

Sto

1.000

אלף

Tisoč

1.000.000

מיליון

Milijon

שפות

Jeziki

אנגלית

....

Angleščina

אנגלית אמריקאית

....

Ameriška angleščina

סינית מנדרינית

....

Mandarinščina

הודית

....

Hindujščina

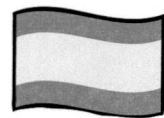

ספרדית

....

Španščina

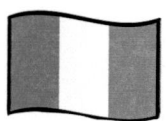

צרפתית

....

Francoščina

ערבית

....

Arabščina

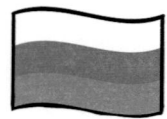

רוסית

....

Ruščina

פורטוגזית

....

Portugalščina

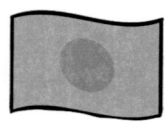

בנגלית

....

Bengalščina

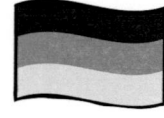

גרמנית

....

Nemščina

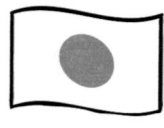

יפנית

....

Japonščina

מי / מה / איך

Kdo / kaj / kako

אני

Jaz

אתה / את

Ti

הוא / היא / זה

On / ona / tisto

אנחנו

Mi

אתם

Vi

הם

Oni

מי?

Kdo?

מה?

Kaj?

איך?

Kako?

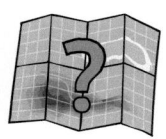

איפה?

Kje?

מתי?

Kdaj?

שם

Ime

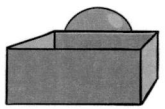

איפה
Kje

לפני

Pred

בתוך

V

מאחור

Zadaj

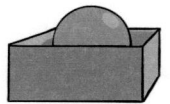

מתחת

Pod

על

Na

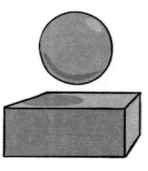

מעל

Nad

מקום

Kraj

בין

Med

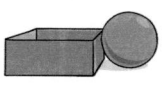

ליד

Poleg